BEI GRIN MACHT SICH IHR WISSEN BEZAHLT

AF146212

- Wir veröffentlichen Ihre Hausarbeit,
  Bachelor- und Masterarbeit

- Ihr eigenes eBook und Buch -
  weltweit in allen wichtigen Shops

- Verdienen Sie an jedem Verkauf

Jetzt bei www.GRIN.com hochladen und kostenlos publizieren

Bibliografische Information der Deutschen Nationalbibliothek:

Die Deutsche Bibliothek verzeichnet diese Publikation in der Deutschen National-bibliografie; detaillierte bibliografische Daten sind im Internet über http://dnb.d-nb.de/ abrufbar.

Impressum:

Copyright © 2018 GRIN Verlag
Druck und Bindung: Books on Demand GmbH, Norderstedt Germany
ISBN: 9783668743472

Dieses Buch bei GRIN:

https://www.grin.com/document/426844

Anonym

Eine Aktionsforschung über den Umgang mit verbalen Unterrichtsstörungen und deren Prävention im inklusiven Fremdsprachenunterricht

GRIN Verlag

GRIN - Your knowledge has value

Der GRIN Verlag publiziert seit 1998 wissenschaftliche Arbeiten von Studenten, Hochschullehrern und anderen Akademikern als eBook und gedrucktes Buch. Die Verlagswebsite www.grin.com ist die ideale Plattform zur Veröffentlichung von Hausarbeiten, Abschlussarbeiten, wissenschaftlichen Aufsätzen, Dissertationen und Fachbüchern.

Besuchen Sie uns im Internet:

http://www.grin.com/

http://www.facebook.com/grincom

http://www.twitter.com/grin_com

Georg-August-Universität Göttingen
Seminar für Romanische Philologie
M.Spa.L.304 Fachdidaktik des Spanischen
Heterogenität im Fremdsprachenunterricht

Praktikumsbericht

Eine Aktionsforschung über den Umgang mit
verbalen Unterrichtsstörungen und deren Prävention im
inklusiven Fremdsprachenunterricht

Inhaltsverzeichnis

1. Einleitung

La heterogeneidad es una de las componentes de nuestra vida diaria y se pueden encontrar en varias facetas. Por eso, el tema "tratar con la heterogeneidad" no es solo uno de los temas más importantes en la vida cotidiana de las personas sino también uno de los temas más relevantes del sistema escolar (vgl. Boller/Rosowski/Stroot 2007: 7). La captura de las oportunidades y los riesgos asociados de la heterogeneidad siempre ha sido un tema de la educación escolar. Por lo tanto, hoy en día, el tema de la heterogeneidad y su tratamiento en la escuela, en el aula y en la sociedad todavía tiene un significado actual (vgl. Grunder/Gut 2009: 7). El centro de varias publicaciones pedagógicas es la demanda de un tratamiento eficiente de la heterogeneidad. Palabras claves como "apoyo individual, nueva cultura de aprendizaje, flexibilidad de la educación e igualdad de oportunidades" aparecen en paralelo y se debaten de maneras diversas y contoversas (vgl. Boller/Rosowski/Stroot 2007: 12).

Sin embargo, las demandas actuales de diferenciación, individualización y autonomía del alumno como resultado de las reformas de la política educativa presentan nuevos desafíos para la enseñanza de idiomas en particular. Se debe apoyar y exigir de la mejor manera posible a todos los tipos de alumnos, independientemente de sus estructuras cognitivas, emocionales y motivacionales, de acuerdo con sus requisitos. Los docentes deben reconocer la heterogeneidad o diversidad del cuerpo estudiantil y ofrecer una diferenciación adecuada de las vías y tareas de aprendizaje. A menudo, se enfatiza la diversidad de los estudiantes, de donde pueden derivarse diversos problemas como por ejemplo las interrupciones de la clase (vgl. Doff 2016: 1).

Estos aspectos hacen necesario que el profesorado adquiera un conocimiento profundo sobre el tratamiento de la heterogeneidad y la diversidad. Como parte del seminario "Heterogenität im Spanischunterricht" elaboré un proyecto de prácticas bajo la perspectiva investigación-acción, en el que desarrollé una pregunta de investigación adecuada, elegí las herramientas de obtención de datos más adecuadas y establecí un plan de acción con fases y pasos concretos para mis prácticas de cuatro semanas en Granada, España.

Para poder representar los aspectos mencionados, el segundo capítulo sirve para dar un marco teórico y el estado de investigación sobre el concepto de la heterogeneidad y sus consecuencias como las perturbaciones en clase. Además, se llama la atención sobre la pregunta de investigación y la se explicará en este capítulo. El tercer capítulo, «Methodologie» pretende proporcionar al lector una visión general de la investigación-acción como metodología para la mejora de la práctica educativa. Se describe la naturaleza de la investigación-acción (conceptualización, características, objetivos, diferencias con otras investigaciones) y se señalan las diferentes modalidades y modelos. Además, se explica y aclara los diversos instrumentos de recogida de datos. El cuarto capítulo está diseñado para mostrar los resultados de los datos recopilados y para dar algunas implicaciones. Por último, se deduce sobre todo el proyecto, resumiendo los resultados significativos en una conclusión. Aparte de eso, se muestran cuestiones sin resolver y una reflexión. La reflexión responderá a las preguntas que provecho me trajo el proyecto y que aprendí por experiencia propia del ámbito enfoque por tareas. En el anexo se encuentra la copia del certificado escolar, los materiales usados, un modelo del cuestionario usado como uno de los instrumentos de recogida de datos y la declaración de autenticidad.

2. Theoretischer Rahmen und Forschungsstand

Wenn sich über Heterogenität und ihre Folgen in Schule und Unterricht geäußert wird, gibt es bisweilen recht unterschiedliche Blickwinkel. Deshalb soll es in diesem Kapitel zunächst darum gehen, den Begriff Heterogenität mit seinen vielfältigen Facetten zu beleuchten und diesen in dem Gebiet des Fremdsprachenunterrichts einzubetten. Anschließend soll ein Problemaufriss zeigen, inwieweit sich Heterogenität auf Unterrichtsstörungen im Schulalltag auswirken kann. Dabei soll es explizit um verbale Unterrichtsstörungen gehen, da diese schwerwiegend in den Fremdsprachenunterricht eingreifen. Der derzeitige Forschungsstand und die entwickelte Forschungsfrage sollen die Relevanz des dargestellten Themas aufzeigen.

2.1. Heterogenität

2.1.1. Begriffsbestimmung

Der Begriff „Heterogenität" findet seine Wurzeln in dem griechischen Adjektiv „heterogenés", welcher sich aus „heteros" (verschieden) und „gennáo" zusammensetzt. Im pädagogischen Kontext meint Heterogenität die Verschiedenheit der Schülerinnen und Schüler im Hinblick auf ein oder mehrere Merkmale (vgl. Scholz 2016: 9). Im Duden ist die folgende Definition für Heterogenität zu finden: „Verschiedenartigkeit, Ungleichartigkeit, Uneinheitlichkeit im Aufbau, in der Zusammensetzung" (Bibliographisches Institut GmbH 2017). Aus dem Online-Lexikon „Spektrum" ist die Definition des Verbes „heterogen" „andersartig, verschieden" zu entnehmen (Spektrum Akademischer Verlag 1999). Diese Festlegungen des Terminus „Heterogenität" sind allgemein gehalten, beziehen sich jedoch auf denselben Sachinhalt. Sie akzentuieren, dass sich „Heterogenität" auf die Verschiedenartigkeit von einzelnen Elementen einer Menge bezieht. Diese „Menge" divergiert je nach dem Anwendungsgebiet (vgl. Grunder/Gut 2009: 14) „von gesellschaftstheoretischer Analyse über (politische) Chancengleichheits- und Geschlechterfragen bis hin zu Konzepten für Unternehmens- und Schulentwicklung" (Boller/Rosowski/Stroot 2007: 22).

2.1.2. Im schulischen Kontext

Um den Begriff der Heterogenität in den schulischen Kontext rücken zu können, eignet sich eine Illustrierung Otts (vgl. 2012: 4). In seiner Darstellung mit Kieselsteinen, die von weitem alle gleich aussehen und einen gemeinsamen Ort einnehmen, doch sich bei näherer Betrachtung in Farbe, Form und Gewicht leicht unterscheiden, wird deutlich, dass diese Kieselsteine Gemeinsamkeiten (Homogenität) und auch Unterschiede (Heterogenität) haben. Diese Metapher überträgt er auf die Schülerschaft. Alle Schüler sind Menschen und besuchen eine Schule, unterscheiden sich jedoch in ihren Eigenschaften wie in ethnischer Zugehörigkeit, Kultur und Aussehen. Als Lehrkräfte erfahren wir tagtäglich diese Vielfalt der Kinder und Jugendlichen im Hinblick auf ihre Lernvoraussetzungen, ihr Leistungsvermögen, ihre Motivation, ihre Interessen usw. (vgl. Scholz 2016: 7). Dennoch sollten wir Homogenität nicht als anzustrebendes Ziel verstehen, wie es das Zitat Cohns verdeutlicht:

> Gleichen Schritt und Tritt zu verlangen beachtet nicht die unterschiedliche Anstrengung für kleine und gro-ße Beine. Auch im Intellektuellen und Geistigen bedeuten Gleichschritt und Gleichtakt die Schwächung der Schwächeren und die Behinderung der Stärkeren (Cohn 1993: 174, zitiert nach Scholz 2016: 7).

Fortwährend wird versucht für Homogenität im Klassenraum zu sorgen (vgl. Trautmann/Wischer 2011, Tillmann 2004, Prengel 2004). Dabei bilden Lehrer einen Teil des Problems: „Die Sehnsucht nach der homogenen Lerngruppe ist unter deutschen Lehrerinnen und Lehrern weit verbreitet; zugleich liegen Erfahrungen mit Formen der individuellen Förderung innerhalb eines binnendifferenzierenden Unterrichts viel zu selten vor" (Tillmann 2004: 9). Lehrer scheinen sich ein Arbeitsumfeld zu wünschen, das sich vor allem dadurch auszeichnet, dass gleichartige SuS mit gleichartigen Leistungsständen auf gleichartige Weise das Gleiche lernen. Am deutlichsten äußert sich Tillmann (2004) zu dieser Thematik. Er beschreibt den bisherigen Ansatz, nach welchem Unterricht auf ein „fiktives Mittelmaß der Köpfe" ausgerichtet wurde. Doch eine homogene Lerngruppe „ist und bleibt Fiktion" (Tillmann 2004: 6). Dennoch stellt sich mittlerweile ein gewisser Wille zum Umdenken ein. Nicht nur bei den LehrerInnen, sondern auch im System scheint sich langsam folgende Erkenntnis zu verbreiten: „Der Vielfalt (der Schüler) muss mit Vielfalt (der Lehre, des Unterrichts) begegnet werden" (Trautmann/Wischer 2011: 5). Demnach sollte man sich als Lehrkraft vor Augen halten, welche Herausforderung Heterogenität im Schullalltag mit sich bringt und wie man diese bewältigen kann, denn jedes Klassenzimmer ist so heterogen wie die Schüler und Schülerinnen selbst[1] (vgl. Scholz 2016: 7).

2.1.3. Im Fremdsprachenunterricht

Vor dem Hintergrund, dass auch hinsichtlich des Sprachenlernens eine große Heterogenität vorherrscht, hat die Forderung nach Individualisierung, Differenzierung und Lernerautonomie im Fremdsprachenunterricht in den letzten Jahren stark zugenommen. Die Heterogenität im Fremdsprachenunterricht soll durch differenzierte Ziele, Inhalte und Formen des Aneignens und Festigens sowie durch Differenzierung nach Umfang und Schwierigkeitsgrad der Aufgaben und nach Lerntempo Berücksichtigung finden. Lehrpersonen stellen hier unterschiedliche

---

[1] Aus Gründen der Lesbarkeit im Folgenden als SuS abgekürzt.

Materialien auf unterschiedlichen Leistungsniveaus zur Verfügung. Binnendifferenzierung setzt demnach eine hohe diagnostische Kompetenz von Seiten der Lehrkraft voraus, um die individuellen Profile der SuS einschätzen zu können. Gleichzeitig wird aber auch ein großes Repertoire an differenzierten Unterrichtsstrategien und -materialien benötigt (vgl. Gieslen/Schuett/Wolter 2016: 65).

Im Gegensatz zu dieser lehrerseitigen Differenzierung, erfolgt auch eine Differenzierung seitens der SuS. Diese wählen dabei selber passende Materialien, Aufgaben, Themen, Methoden etc. und bearbeiten diese selbstständig. Unterricht im Klassenverband tritt hier zugunsten der individuellen oder kooperativen Lernvorhaben der SuS weiter zurück. Reformpädagogische Methodenkonzepte wie Wochenplanarbeit oder Freiarbeit finden bei diesem Ansatz häufig Verwendung. Die Lehrkraft fungiert hier lediglich als Unterstützung für einzelne SuS und greift nur noch bei Bedarf ein (vgl. ebd.).

Differenzierung und Individualisierung wird mittlerweile als Notwendigkeit für den Fremdsprachenunterricht angesehen. Insbesondere die drei Teilbereiche wie Fremdsprachenerwerb (Wortschatz, Grammatik, Fertigkeiten), Umgang mit Texten und Medien, sowie Landeskunde und Inter-/ Transkulturelles Lernen stehen im Mittelpunkt der Überlegungen zu Differenzierung und Individualisierung im Fremdsprachenunterricht. Es wird versucht, durch Aufgaben mit unterschiedlichem Schwierigkeitsgrad oder unterschiedlichen methodischen und inhaltlichen Akzentuierungen eine Individualisierung zu erreichen, die sich sowohl auf Lernerautonomie, Lernermotivation, Anspruchsniveau als auch auf die kreative Entfaltung der SuS positiv auswirkt (vgl. ebd.).

2.1.4. Problemaufriss: Heterogenität im inklusiven Fremdsprachenunterricht

Die Einstellungen der deutschen Lehrkräfte hinsichtlich (erwünschter) Homogenität und (zu fördernder) Individualisierung hat Solzbacher (2008) anschaulich dargestellt. Besonders alarmierend erscheint, dass die allermeisten eine defizitäre Perspektive einnehmen und individuelle Förderung hauptsächlich als „Anpassung an Leistungsanforderungen" verstehen (Solzbacher 2008: 39). Das Konzept der Binnendifferenzierung zielt allerdings auf die individuelle Förderung Lernender innerhalb einer bestehenden Lerngruppe ab. Umgesetzt wird diese innere Differenzierung u.a. durch offene Unterrichtsformen, Wahlmöglichkeiten und ein breitgefächertes Materialangebot. Zufolge kann sich innere Differenzierung sowohl auf im Unterricht verwendete Methoden, Medien und Materialien beziehen, als auch auf die Qualität oder Quantität der Lernaufgaben. Ziel der Binnendifferenzierung ist es entsprechend, alle SuS entsprechend ihrer Voraussetzungen optimal zu fördern. Dadurch sollen sie dort „abgeholt" werden, wo sie sich in ihrem Lernprozess gerade befinden. Gleichzeitig wird versucht, immer mehr Lernenden die Lernwege zu ermöglichen, die für sie persönlich am ehesten angebracht scheinen (vgl. Gieslen/Schuett/Wolter 2016: 64f).

Dennoch halten 90% der Lehrerinnen und Lehrer eine individuelle Förderung aller SuS nicht für möglich. Neben dem fehlenden Selbstvertrauen (für einen veränderten, differenzierten Unterricht) geben 90% der Lehrkräfte an, dass Fortbildungen unabdingbar seien, ihnen dafür aber die Zeit fehle (vgl. Solzbacher 2008: 42). Hinzu kommen Argumente, die von der eigenen Verantwortung ablenken: für die schwierigen SuS seien doch eigentlich Spezialisten zuständig (i. e. SonderschullehrerInnen) (vgl. Becker/Lauterbach 2010: 11).

Offensichtlich bedeutet „perfekter Unterricht" für viele Lehrkräfte das Vorhandensein eines Skripts, welches minutiös eingehalten wird. Die SuS marschieren im Gleichschritt und werden vom Lehrer kontrolliert. Heterogenität wird dementsprechend als Gefahr für den Stundenablauf wahrgenommen. Es wird zumeist nicht gesehen, dass die Realisierung dieser Vorstellungen schnell zu Überforderung führt (vgl. ebd.: 11f).

Diese soeben dargestellten Tatsachen bürgen viele Probleme und Schwierigkeiten. Einen besonders hohen Stellenwert nehmen dabei Unterrichtsstörungen ein. Durch individualistische und heterogene Schülerpopulationen verursachte Langeweile, Ablenkungen, Überforderungen, Leistungsunterschiede etc. kann innerhalb der Schule viel Lernzeit verloren gehen. Der durch Störungen hervorgerufene Ausfall von Lernzeit ist hierbei um ein Vielfaches höher als der krankheitsbedingte Unterrichtsausfall (vgl. Keller 2014: 8). Laut Keller (2014) besteht eine Unterrichtsstunde in Deutschland zu 65% aus Lehr- und Lerntätigkeiten. Die übrigen 35% werden genutzt, um Ruhe und Disziplin herzustellen (vgl. ebd.: 32). Unterrichtsstörungen an sich gefährden dabei nicht nur die Wirksamkeit des Unterrichts, sondern auch die Gesundheit der Lehrer. Ein notwendiges Maß an Disziplin zu generieren und aufrechtzuerhalten, ist eine der schwierigsten Aufgaben im Lehrerberuf. In der Literatur wir hierbei von Disziplinmanagement gesprochen (vgl. ebd.: 7f).

2.2. Unterrichtsstörungen

2.2.1. Definitionsansätze

In Anlehnung an Lohmann (2015: 13) sind Unterrichtsstörungen: „Ereignisse, die den Lehr-Lernprozess beeinträchtigen, unterbrechen oder unmöglich machen, indem sie die Voraussetzungen, unter denen Lehren und Lernen erst stattfinden kann, teilweise oder ganz außer Kraft setzen". Störungen können hierbei von Schülern oder Lehrern verschuldet oder durch Reize von außerhalb z.B. durch Durchsagen hervorgerufen werden (vgl. ebd.). Keller (2014: 25) definiert Unterrichtsstörungen als: „unterschiedliche Formen abweichenden Verhaltens, die das Lehren und Lernen mehr oder weniger stark beeinträchtigen". Nach Winkel (2009: 29) liegt eine Unterrichtsstörung vor: „wenn der Unterricht gestört ist, d.h. wenn das Lehren und Lernen stockt, aufhört, pervertiert, unerträglich und inhuman wird".

2.2.2. Klassifikationsmöglichkeiten von Unterrichtsstörungen

In der Literatur gibt es unterschiedliche Klassifikationen von Unterrichtsstörungen. Im folgenden Abschnitt werden verschiedene Erscheinungsformen vorgestellt.

2.2.2.1. Unterscheidung nach Lohmann

Lohmann (2015: 14) differenziert vier Erscheinungsformen von Unterrichtsstörungen, wobei er sich in seinen Ausführungen auf Fartacek et al. (1987) bezieht. Dies sind:

• Verbale Störungen z.B. Zwischenrufe oder Beleidigungen,

• Fehlender Lerneifer z.B. Desinteresse, mentale Abwesenheit,

• Motorische Unruhe z.B. Kippeln, Aufstehen,

• Aggressives bzw. angreifendes Verhalten z.B. Sachbeschädigung, körperliche Gewalt.

2.2.2.2. Unterscheidung nach Keller

Eine differenzierte Beschreibung gibt Keller (2014: 25ff), der zwischen sechs Typen von Störungen unterscheidet:

• Akustische Störungen z.B. Summen, Schwatzen, Handygeräusche,

• Motorische Störungen z.B. Zappeln, artfremdes Benutzen von Arbeitsmitteln,

• Aggressionen z.B. Wutausbrüche, verbale und körperliche Gewalt gegenüber Schülern,

• Geistige Abwesenheit z.B. Tagträume, mit anderen Sachen beschäftigen,

• Verweigerung z.B. Verweigerung der Mitarbeit, absichtliches vergessenes Sportzeug,

• Missachtung der Hausordnung z.B. unerlaubtes Verlassen des Schulgeländes, Beschmieren von Tischen.

2.2.2.3. Unterscheidung nach Nolting

Nolting (2017: 12ff) unterscheidet drei Typen:

• Aktive Unterrichtstörungen z.B. Privatgespräche, laute Meldungen, Lärm,

• Passive Unterrichtstörungen z.B. Nichterledigung von Hausaufgaben, fehlende Unterrichtsmaterialien, keine Beteiligung an Unterrichtsgesprächen,

• Störungen der Schüler-Schüler-Interaktion z.B. Feindseligkeiten bzw. Mobbing in der Klasse. Diese Probleme können in den Unterricht hineinwirken.

Es wird deutlich, dass die Autoren Unterrichtsstörungen unterschiedlich klassifizieren. Keller geht hierbei am differenziertesten vor. In dieser Arbeit soll es im Speziellen um die verbalen bzw. aktiven, akustischen Unterrichtsstörungen gehen.[2]

2.2.3. Verbale Unterrichtsstörungen

Nach den verschiedenen Klassifizierungen versteht man unter verbalen Unterrichtsstörungen Zwischenrufe oder Beleidigungen, die durchaus aggressives Potenzial haben können, Summen, Schwatzen, Handygeräusche, Privatgespräche, laute Meldungen und Lärm. Diese können in Anlehnung an Keller (vgl. 2014: 33-39) folgende Ursachen haben: Entwicklungsverletzungen, Entwicklungskrisen (Pubertät), neurobiologische Störungen (z.B. ADHS), Familienprobleme, familiäre Erziehungsfehler, gesellschaftliche Einflüsse und schulische Fehler.

2.2.4. Problemaufriss: Unterrichtsstörungen im inklusiven Fremdsprachenunterricht

Bei genauerer Betrachtung dieser Ursachen wird einem schnell bewusst, dass diese unter anderem durch Heterogenität verursacht werden. Demnach gilt es, statt den Unterricht an einem fiktiven Durchschnittsschüler auszurichten, sich der Heterogenität im Fremdsprachenunterricht bewusst zu werden und ihr durch differenzierende Maßnahmen auf der inhaltlichen, didaktischen, methodischen, sozialen und organisatorischen Ebene so weit wie möglich gerecht zu werden (vgl. Scholz 2016: 13). Argumenten wie Raumnot, Klassengröße und zu wenig geeignete Materialien gegen die Realisierbarkeit eines differenzierenden Unterrichts, sollte entgegengewirkt werden (vgl. ebd.: 7).

Bei der Adaption des Unterrichts an die Schülerschaft im Fremdsprachenunterricht können allerdings neue Probleme auftreten. Zum einen kann der erhöhte Bedarf an sprachlichem Input im Anfangsstadium des Fremdsprachenlernens als auch der erhöhte Differenzierungs- und Individualisierungsbedarf Schwierigkeiten bereiten. Inklusive Unterrichtsmethoden wie beispielsweise das Lernbüro oder Wochenplanarbeit[3] stellen aus Sicht der Fremdsprachendidaktik ein problematisches Konzept dar. Für das Fremdsprachenfach ist dies insofern schwierig, da die mündliche Interaktion vernachlässigt wird. Die SuS bearbeiten ihre Aufgaben selbstständig und die Lehrkraft fungiert in ihrer Rolle nur noch als Berater (vgl. Gies-

---

[2] Im Folgenden nur noch als verbale Unterrichtsstörungen bezeichnet.
[3] Bei diesen Unterrichtsmethoden wird eine Vielzahl an Unterrichtsmaterialien zusammengestellt, die von den SuS selbstständig ausgewählt und bearbeitet werden. Die Aufgabenformate werden meist nach Anforderungsniveau oder Leistung differenziert.

len/Schuett/Wolter 2016: 68). Forschungsergebnisse von ebd. (2016: 68f) zeigen, dass die Zielsprache komplett in den Hintergrund rückt. Nur 4% der Lehrkräfte stimmten der Aussage zu, dass während der Lernbürozeiten hauptsächlich in der Fremdsprache kommuniziert wurde. Somit wird der kommunikativen Teilkompetenz eine untergeordnete Rolle zugeschrieben. Die Kompetenz Sprechen zählt allerdings zu einer der vier Basisfertigkeiten einer Sprache[4]. Laut des GER (Europarat 2001: 25) sind „Rezeption und Produktion (mündlich und/oder schriftlich) [...] ganz offensichtlich primäre Prozesse, weil beide bei der Interaktion benötigt werden". Demnach stellen verbale Unterrichtsstörungen wie Getuschel oder Hereinrufen in der Muttersprache ein gravierendes Problem für den Fremdsprachenunterricht dar, da diese nicht nur Unruhe und Disziplinierungsmaßnahem mit sich bringen, sondern die Zielsprache komplett in den Schatten drängen und somit der Zugang zu der Fremdsprache nicht mehr gewährleistet werden kann.

2.3. Forschungsfrage

Unter all diesen Gesichtspunkten, stellt sich nun die Frage, wie es die Lehrkraft (trotz inklusiver)[5] Unterrichtsmethoden im Fremdsprachenunterricht schaffen kann, dass der Unterricht ungestört bleibt. Wie können die SuS animiert werden, häufiger in der Zielsprache zu sprechen und wie kann damit umgegangen werden, wenn verbale Unterrichtsstörungen im Sinne von Hereinrufen und/oder Gemurmel in der Muttersprache auftreten. Eine mögliche Forschungsfrage könnte also lauten: „Wie können Lehrkräfte mit verbalen Unterrichtsstörungen, die nicht in der Zielsprache stattfinden, innerhalb des inklusiven Fremdsprachenunterrichts umgehen und diesen mit vorbeugenden Maßnahmen gegenübertreten?"

3. Methodologie

Graduarse de una facultad y tener amplio dominio de la lengua que se imparte ya no es suficiente para convertirse en profesor. Además, un docente debe ser un ejemplo de paciencia, trabajo duro, autocontrol, buen humor, puntualidad, responsabilidad, entre muchas otras cualidades. Pero, en ocasiones, sucede que aún cubriendo todas las expectativas el enseñante no logra cumplir con el objetivo de su clase. ¿Cómo puede saber qué está fallando?

Se habla de la investigación-acción, una metodología en la que los profesores son los protagonistas de su propio proceso de construcción del conocimiento, y que permite la detección de problemas y necesidades y la elaboración de propuestas y soluciones. Este

---

[4] Die vier Fertigkeiten einer Sprache sind: Hören, Lesen, Sprechen und Schreiben (vgl. Europarat 2001, GeR).
[5] Unterrichtsstörungen können auftreten, wenn entweder gar keine Differenzierung innerhalb der Klasse durchgeführt wird, oder aber gerade durch inklusive Unterrichtsmethoden.

capítulo pretende proporcionar una mirada más profunda al término investigación-acción y sirve para definir y explicar los métodos usados durante las prácticas al colegio.

3.1. Aktionsforschung

La imagen del profesorado como investigador en el aula se configura y articula con el movimiento del «profesorado como investigador» surgido en Inglaterra en torno al pensamiento innovador y creativo de Stenhouse. Los orígenes del «profesorado investigador» como movimiento se remontan al proyecto *Humanities Curriculum Project,* dirigido por Stenhouse, con un evidente énfasis sobre el currículo experimental y la reconceptualización del desarrollo profesional a partir de la investigación del currículo. La idea de que el profesorado pruebe las teorías educativas en sus clases dio lugar a la tradición del «profesorado investigador», un concepto que fue desarrollado por Elliott en el *Ford Teaching Project* (vgl. Latorre 2003: 11). La idea de la enseñanza como una actividad investigadora ha ido calando en el ámbito educativo y se basa en que *la teoría* se *desarrolla* a *través* de *la práctica, y* se *modifica mediante nuevas acciones.* El profesorado como investigador formula nuevas cuestiones y problematiza sus prácticas educativas. Los datos se recogen en el transcurrir de la práctica en el aula, se analizan e interpretan y vuelven a generar nuevas preguntas e hipótesis para ser sometidas a indagación (vgl. ebd.: 10). Esta propuesta del profesorado investigador aporta nuevos elementos al proceso educativo. Se brinda al profesorado la posibilidad de identificar problemas o dificultades en su práctica docente, indagarlos, reflexionar sobre los mismos y, sobre la base de la reflexión, proponer acciones de intervención, comprensión y posible mejora de las prácticas educativas propias de las instituciones educativas. El profesorado investigador asume la práctica educativa como un espacio que hay que indagar; se cuestiona el ser y hacer como docente; se interroga sobre sus funciones y sobre su figura; se pregunta por su quehacer docente y por los objetivos de la enseñanza; revisa contenidos y métodos, así como las estrategias que utiliza; regula el trabajo didáctico, evalúa el proceso y los resultados (vgl. ebd. 12).

El término investigación-acción se puede considerar como un concepto genérico que hace referencia a una amplia gama de estrategias realizadas para mejorar el sistema educativo y social. Existen diversas definiciones de investigación-acción por diferentes autores. Por nombrar solo algunos, Elliot (1993) la define como «un estudio de una situación social con el fin de mejorar la calidad de la acción dentro de la misma», Kemmis (1984) dice que la investigación-acción no sólo se constituye como ciencia práctica y moral, sino también como ciencia crítica y Lomax (1990) la define como «una intervención en la práctica profesional con la intención de ocasionar una mejora» (vgl. Latorre 2003: 24). Latorre mismo (ebd.) determina la investigación-acción como «una indagación práctica realizada por el profesorado, de forma colaborativa, con la finalidad de mejorar su práctica educativa a través de ciclos de acción y reflexión». Por eso, menciona que no todas las metodologías de investigación sirven para indagar la práctica profesional; dependerá de los propósitos y de las metas que se desee alcanzar. En el caso del profesorado, la finalidad es mejorar, innovar, comprender los contextos educativos, teniendo como meta la calidad de la educación. Se defiende, pues, una investigación en la escuela y desde la escuela, realizada por los docentes, con el fin de dar respuesta puntual a las situaciones problemáticas que tienen lugar en el aula (vgl. ebd.: 20f). Entonces, la investigación-acción se utiliza para describir una familia de actividades que realiza el profesorado en sus propias aulas con fines tales como: el desarrollo curricular, su autodesarrollo profesional, la mejora de los programas educativos, los sistemas de planificación o la política de desarrollo. Estas actividades tienen en común la identificación de estrategias de acción que son implementadas y más tarde sometidas a observación, reflexión y cambio. Se considera como un instrumento que genera cambio social y conocimiento educativo sobre la realidad social y/o educativa, proporciona autonomía y da poder a quienes la realizan (vgl. ebd.: 23).

3.2. Vorgehen erläutert am Zyklus der Aktionsforschung

La investigación-acción no sólo la constituyen un conjunto de criterios, asunciones y principios teóricos sobre la práctica educativa, sino también un marco metodológico que sugiere la realización de una serie de acciones que debe desarrollar el profesorado como profesionales de

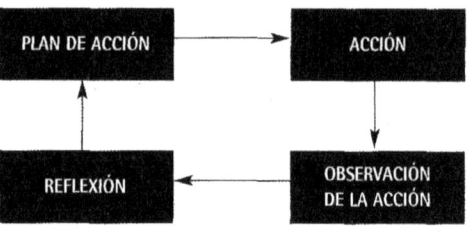

Cuadro 1: Ciclo de la investigación-acción (Latorre 2001: 21).

la educación. La investigación-acción se suele conceptualizar como un «proyecto de acción» formado por «estrategias de acción», vinculadas a las necesidades del profesorado investigador y/o equipos de investigación. Es un proceso que se caracteriza por su carácter cíclico, que implica un «vaivén» -espiral dialéctica- entre la acción y la reflexión, de manera que ambos momentos quedan integrados y se complementan. El proceso es flexible e interactivo en todas las fases o pasos del ciclo y fue ideado primero por Lewin (1946) y luego desarrollado por Kolb (1984), Carr y Kemmis (1988) y otros autores. Entonces, la investigación-acción es una espiral de ciclos de investigación y acción constituidos por las siguientes fases: planificar, actuar, observar y reflexionar (véase cuadro 1) (vgl. Latorre 2001: 32). Cada uno de los momentos implica una mirada retrospectiva, y una intención prospectiva que forman conjuntamente una espiral autorreflexiva de conocimiento y acción. Realizar una investigación puede llevar un solo ciclo, pero la mayoría de las veces consume varios; todo dependerá del problema y del tiempo que se disponga para realizar el proyecto. Por lo general, los ciclos de investigación-acción se transforman en nuevos ciclos, de modo que la investigación en sí puede verse como un «ciclo de ciclos» o como una «espiral de espirales» que tiene el potencial de continuar indefinidamente (véase cuadro 2) (vgl. ebd.: 39).

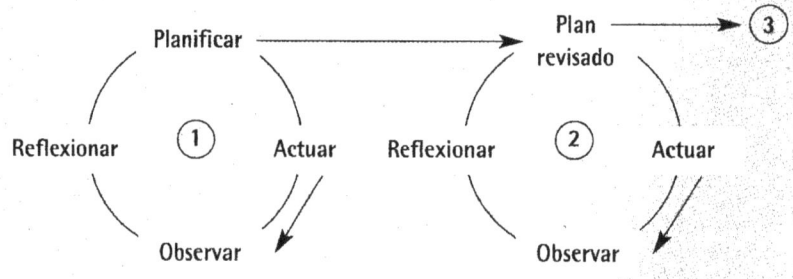

Cuadro 2: Espiral de ciclos de la investigación-acción (Latorre 2001: 32).

Aquí se puede ver la investigación-acción como una «espiral autorreflexiva», que se inicia con una situación o problema práctico, se analiza y revisa el problema con la finalidad de mejorar dicha situación, se implementa el plan o intervención a la vez que se observa, reflexiona, analiza y evalúa, para volver a replantear un nuevo ciclo (vgl. ebd.: 39). Así, el proceso de investigación se inicia con una «idea general» cuyo propósito es mejorar o cambiar algún aspecto problemático de la práctica profesional (vgl. ebd.: 41). Durante el seminario, tenía la idea de observar el trabajo en grupo con la pregunta de cómo se apoyan los estudiantes de alto rendimiento y los estudiantes de bajo rendimiento dentro de un grupo. No obstante, cuando estaba en la escuela, noté que el trabajo grupal no se usaba en absoluto. También con la segunda intención, de analizar mi propia enseñanza, no me parecía sensato introducir el trabajo grupal como un nuevo método porque un criterio importante de la acción estratégica es el intento por comprender las condiciones en las que la acción tiene lugar: las relaciones entre las circunstancias, el contexto, la intención y la acción (vgl. ebd.: 46). Así, que decidí empezar la investigación desde donde estaba. Dentro de la primera semana observé las clases y noté las perturbaciones en el aula de alemán que ocurrían y que desearía cambiar. Entonces, identifiqué un área que deseaba investigar y estaba segura de que era posible cambiar esto. Con el tiempo durante las prácticas se iba matizando y concretando esta idea general a medida del proceso avanzando. La búsqueda de este tema de indagación llevaba tiempo, y era probable que hubieran ido apareciendo nuevas preguntas así que comprobé de qué bases de datos, resúmenes e índices dispone. La revisión documental me facilitó la elaboración del marco conceptual y teoría donde quería situar el tema de estudio. Las observaciones se realizaban conforme a un plan y me ayudaban para plantear mis propias clases. Para ver como la profesora era capaz de tratar las molestias durante sus clases, identifiqué criterios de mejora y seleccioné fragmentos de datos que sirvieran como evidencia de la mejora. Después, ha llegado el momento de poner en marcha la acción. Preparé la lección con la profesora de alemán y me consideré los métodos de investigación. La acción era meditada, controlada, fundamentada e informada críticamente también con la ayuda de la profesora. Era una acción observada por la profesora que registraba informaciones que más tarde aportaba evidencias en las que se apoya la reflexión. Los cuestionarios que repartí después de las clases me ayudaron para considerar la observación como una realidad abierta, que registra el proceso de la acción, las condiciones en la que tiene lugar, y sus efectos, tanto previstos como imprevistos para que aquellos datos permitieran demostrar que realmente la situación está mejorando.

3.3. Begründung und Erläuterung der Erhebungsinstrumente

Las técnicas de recogida de datos son los distintos instrumentos, estrategias y medios audiovisuales que los investigadores sociales utilizan en la recogida de la información. Son muy variadas y numerosas. Así que, como parte de la pasantía de cuatro semanas, se distribuyeron cuestionarios, actas de memoria, tomar apuntes y se realizaron observaciones y conversaciones.

3.3.1. Beobachtungen und Notizen

Dentro de las cuatro semanas escuché y observé las clases y noté las perturbaciones en el aula de alemán que ocurrían y que desearía cambiar. Tomé notas todos los días durante las clases y traté de resumir las informaciones lo mejor que se pueda, sin copiar apuntes sin sentido. Cuando yo enseñe yo misma, tomé las apuntes después de las clases. A veces fue un poco difícil para mí ya que se debe tratar de recolectar aspectos importantes en poco tiempo, omitiendo los verbos que no aportan información y redactando en una oración o párrafo la o las ideas captadas, destacando los puntos más importantes. Por eso, lo importante es captar el mensaje o contenido de la exposición y no su apariencia. Las observaciones se realizaban conforme a un plan y me ayudaban para plantear mis propias clases. Para ver como yo como profesora puede ser capaz de tratar las molestias durante sus clases, identifiqué criterios de mejora y seleccioné fragmentos de datos que sirven como evidencia de la mejora para mis propias clases futuras. Las técnicas de recogida de información me permiten reducir de un modo sistemático e intencionado la realidad social que pretendo estudiar, en mi caso la práctica profesional del docente, a un sistema de representación que me resulte más fácil de tratar y analizar.

3.3.2. Gedächtnisprotokoll

Durante mi pasantía hice solo una vez una acta de memoria. Yo misma di una lección ese día y después estaba muy preocupada con el incidente dentro de la clase. Para tener el asunto presente y para poder reflexionarlo lo más suficiente conmigo misma y mi profesora, me decidí de hacerla. Además, es un instrumento para recoger observaciones, reflexiones, interpretaciones,

hipótesis y explicaciones de lo que ha ocurrido (vgl. Latorre 2001: 63). El mismo día que llegué a casa, escribí la acta de memoria. Al principio escribí en pocas palabras lo que me había acordado y después la completé en un texto completo. La escribí abierta sin estructura, en una forma narrativa. Mi hora en la que di clases tenía unas consecuencias escolares. Con la ayuda de la acta, pude responder con más facilidad a las preguntas de la directora.

3.3.3. Gespräche

Con la profesora en Granada se desarrollaron conversaciones interesantes una y otra vez. Además, hemos reflejado casi todas las lecciones juntas y hemos pensado en sugerencias para mejorar y prevenir los problemas de las perturbaciones en clase. Además, hablé mucho con Sandra sobre la escuela y todas las diferencias entre España y Alemania dentro del ámbito escolar. Esto me ayudó a reflexionar sobre mi pregunta de investigación y a buscar nuevas consideraciones.

3.3.4. Fragebögen

El foco de las encuestas fue el problema de la gran demanda de aportes lingüísticos, por un lado, y la mayor necesidad de diferenciación e individualización, por el otro. El objetivo del cuestionario era, por lo tanto, investigar cómo yo como profesora alemana de Granada me enfrento a estos desafíos complejos y cuáles son sus necesidades de desarrollo para el futuro de la enseñanza de la lengua alemana (española en Alemania). Con la ayuda de los cuestionarios me gustaría saber las razones por que aparecen perturbaciones en clase y si y si mis acciones ayudan a contrarrestar las interrupciones. Elegí los cuestionarios como forma para obtener datos ya que es una buena posibilidad de obtener informaciones básicas. Además, son fáciles de evaluar.

El cuestionario para el profesor está diseñado de tal manera que puede mostrar las perturbaciones en mis clases. Son solo preguntas cuantitativas. Como el profesor habla alemán con fluidez, escribí el cuestionario en alemán. Está dividido, de modo que primero interroga la forma del trastorno. En el cuestionario hay 16 formas diferentes para interrumpir la clase. Para marcar, hay las posibilidades: raro, a menudo y muy a menudo. Mediante estos datos, me gustaría saber qué formas de trastornos de la enseñanza ocurren con mayor frecuencia. Debajo aparece otro bloque sobre la enseñanza. Se presentan ocho aspectos del diseño de la clase. Para marcar, hay las posibilidades: menos aplicable, aplicable y muy aplicable. Como la lección puede afectar esencialmente a las perturbaciones en el aula, considero que este punto de observación es muy importante. Al final del cuestionario hay un bloque sobre la heterogeneidad. Son seis puntos en común y se puede dividirlos en tres categorías. Las categorías son: sexo, rendimiento y salud mental. Para mí, estas categorías son el factor decisivo para los perturbaciones en clase. Le di el cuestionario al maestro justo después de mi lección. Después, la profesora me lo devolvió para que pudiéramos ir a discutirlo juntas.

El cuestionario para los alumnos comienza con un encabezado en el que se solicita a los estudiantes que ingresen su edad y sexo. Especialmente la edad es un indicador importante para los trastornos educativos, por ejemplo debido a la pubertad. El sexo también es un indicador importante ya que existe la suposición de que los niños son más propensos a perturbar las lecciones que las niñas (vgl. Siedenbiedel/Theurer 2014: 12). Debajo de estos datos aparece una indicación. 1 significa "no ser aplicable / poco" y 6 significa "ser aplicable / mucho". Para que sea más fácil para los alumnos me decidí escribir "poco" y "mucho" en vez de solo "no ser aplicable y ser aplicable". Los seis grados permiten una mejor interpretación de los datos. El cuestionario lleva 20 preguntas. Son preguntas muy diferentes pero todas tienen algo que ver con problemas de molestias en clases. Todas las preguntas, excepto la pregunta 12, son cuantitativas. Las preguntas cuantitativas son más fáciles de evaluar. Además, no creí que fuera necesario tener más preguntas cualitativas que la pregunta 12. Les di el cuestionario a los alumnos justo después de mi lección. Tenía mucha curiosidad sobre lo que arrojarán los cuestionarios.

4. Darstellung der Ergebnisse und Diskussion

Im Folgenden dieses Kapitels werden die Auswertung und Interpretation der erhobenen Daten dargestellt. Dazu wird von allgemeinen Auswertungen und Äußerungen zu spezifischen über-gegangen. Danach werden die eigenen Ergebnisse in Bezug zum Forschungsstand gesetzt. Darauf erfolgt eine kritische Reflexion der Daten und anschließend werden Implikationen der Ergebnisse aufgezeigt, die dem späteren Lehrerhandeln von Nutzen und Mehrgewinn sein können.

4.1. Auswertung und Interpretation der erhobenen Daten

Die Lehrerfragebögen wurden insgesamt 3x jeweils nach meinem durchgeführten Unterricht von ein und derselben Lehrkraft ausgefüllt. Aufgrund einiger nicht so relevanter Daten wur-den die Fragebögen komprimiert ausgewertet. Da es sich um eine Aktionsforschung über den Umgang mit verbalen Unterrichtsstörungen und deren Prävention im inklusiven Fremdspra-chenunterricht handelt, wurde die „Form der Unterrichtsstörung" nur auf verbale Unterrichts-störungen begrenzt. Von starker Relevanz sind daher nur die Nummern 1.1, 1.2, 1.11, 1.15 und 1.16. Dennoch eignen sich auch die anderen aufgelisteten Formen, um sich einen generel-len Überblick zu verschaffen und die Gewichtung der verbalen Unterrichtsstörungen zu inter-pretieren. Demnach wird deutlich erkennbar, dass die verbalen Unterrichtsstörungen viel häufiger auftreten, als beispielsweise motorische oder aggressive (siehe Lehrerfragebogen 1°-ESO).

Die Auswertung aller Fragebögen der Lehrkraft zeigt, dass die Nummern 1.15 „Gemurmel in der Muttersprache" und 1.16 „Reinrufen, ohne sich zu melden" am häufigsten auftreten. „Nebengespräche" (1.1) und „vordrängende Gesprächsbeiträge" (1.11) treten im Vergleich dazu zwar auch regelmäßig auf, aber dennoch etwas seltener. „Kommentare zum Lerngeschehen" (1.2) finden hingegen nur selten bis gar nicht statt.

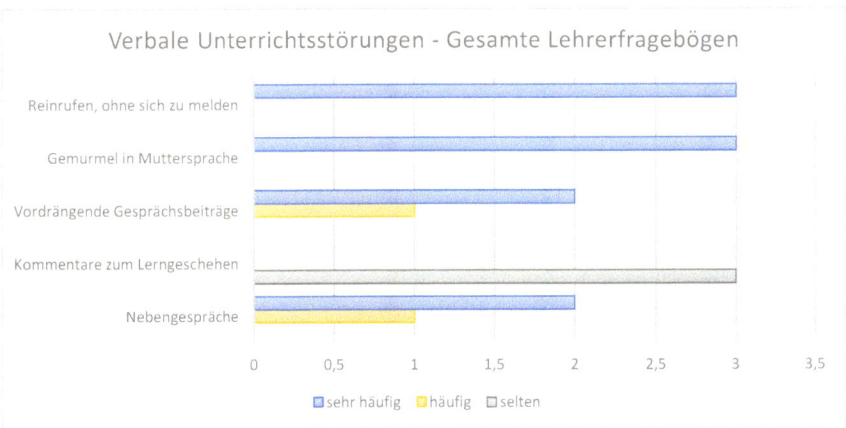

Die Unterrichtsgestaltung wurde ebenfalls auf die für diese Arbeit wichtigsten Daten reduziert. Somit wurde diese auf die Nummern 3.2, 3.4, 3.5 und 3.8 begrenzt. Dennoch zeigen auch in diesem Abschnitt die weiteren unterrichtlichen Gestaltungsmittel die Relevanz der erhobenen Daten. Es ist deutlich zu erkennen, dass ich während meines Unterrichts als Lehrkraft zwar bei Unterrichtsstörungen eingeschritten bin, aber dennoch präventive Maßnahmen nur teilweise durchgeführt wurden. Dementsprechend wurden die Lernenden nur selten umgesetzt. Zudem wird deutlich, dass lediglich einer Klasse (1°-ESO) die Regeln und im Zusammenhang damit mögliche Strafen in Bezug auf Unterrichtsstörungen bekannt waren.

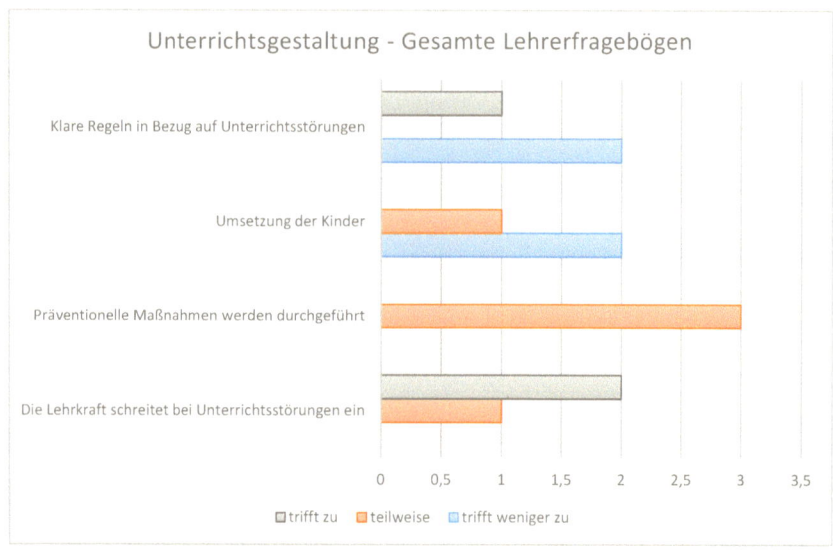

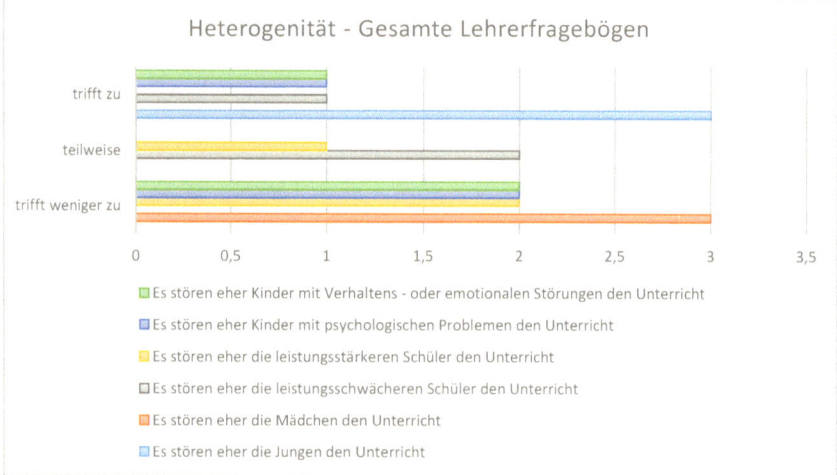

Die Auswertung der Daten in Bezug auf die Heterogenität veranschaulicht, dass eher die Jungen statt die Mädchen und eher die leistungsschwächeren SuS anstatt der leistungsstärkeren SuS den Unterricht stören. Kinder mit psychologischen Problemen und/oder Verhaltensauffälligkeiten stören in der Befragung eher nicht. Allerdings sollte beachtet werden, dass es nur in der Klasse 1°- ESO ein Kind mit Auffälligkeiten gab, in der auch das „trifft zu" gilt. Demnach stören sehr wohl auch Kinder mit Verhaltensauffälligkeiten den Unterricht. Eine Pauschalisierung kann daher aufgrund mangelnder Daten in diesem Bereich nicht dargeboten werden.

Die Schülerfragebögen wurden insgesamt 3x ausgeteilt, jeweils nach meinem durchgeführten Unterricht, und dann von den Lernenden ausgefüllt. Der Fragebogen besteht aus 19 quantitativen Fragen und einer qualitativen Frage und ist unterschiedlich abgestuft. Die Abstufungen gehen von 1-6, wobei die 1 angibt, dass es nicht zutrifft und die 6, dass es zutrifft.

Insgesamt wurden 59 SuS aus drei unterschiedlichen Klassen befragt, davon 32 Mädchen und 27 Jungen. Bei den Klassen handelt es sich um eine 1°-ESO, 2°-ESO und 4°-ESO. Die Auswertung aller SuS zeigt, dass die Lernenden mit dem Problem, dass wenn sie etwas nicht verstehen, sehr vielfältig umgehen (Frage 9). Demnach ist die jeweilige Anzahl an Stimmen der SuS ziemlich ausgeglichen und liegt bei ungefähr 10 Lernenden pro Stufe. Lediglich die Stufe 3 hat nur drei Stimmen. Die Frage 10 zeigt auf, dass sich 25 der 59 Lernenden ihrer Muttersprache bedienen, sobald ihnen die Worte der Fremdsprache nicht einfallen. Demnach sind das 42%, was fast die Hälfte der Klasse ausmacht und somit einen immensen Einfluss auf das Unterrichtsgeschehen ausübt. Bei der Frage, ob sie manchmal den Unterricht stören, verneinten dies mit Stufe 1 27 von 59 SuS. Das macht einen Anteil von 46% aus. Wenn man die beiden Auswertungen genauer betrachtet, ist das sehr interessant. Denn es bedeutet, dass die SuS sehr wohl auch im Fremdsprachenunterricht viel in ihrer Muttersprache sprechen, es selbst aber nicht als störend oder gar als Unterrichtsstörung empfinden. Das könnte wiederum bedeuten, dass viel getuschelt bzw. gemurmelt wird, was man als Lehrkraft und Schüler, die sich weiter weg befinden, nicht unbedingt wahrnimmt. Anhand der Grafik (Verbale Unterrichtsstörungen - Gesamte Lehrerfragebögen) lässt sich diese Vermutung belegen. Die Auswertung der Frage 14 zeigt, wie unterschiedlich die SuS Unterrichtsstörungen wahrnehmen. Die Antworten befinden sich alle im Mittelfeld, wobei die Stufen 4 und 5 mit jeweils 14 Stimmen den größten Anteil ausmachen. Somit sind sich die SuS wohl bewusst, dass Unterrichtsstörungen stattfinden, jedoch lässt sich interpretieren, dass diese nicht als allzu störend bzw. gravierend wahrgenommen werden. Die meisten SuS, nämlich 21 von 59 mischen sich dabei nicht in die Unterbrechungen, welche durch Unterrichtsstörungen entstehen, ein (Frage 17). Generell befolgen 24 von 59 Lernenden die Regel, dass man sich bevor man etwas im Unterricht sagen möchte, vorher zu melden hat, was einen Prozentsatz von 41% ausmacht. Die gleich nachfolgende Stufe 5 wählten 17 Lernende aus.

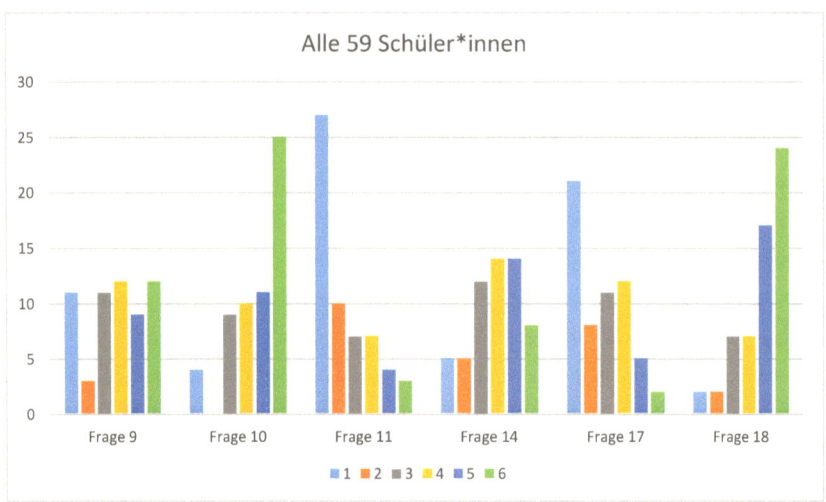

Die qualitative Frage zeigt bei der Auswertung, dass die meisten SuS den Unterricht stören, wenn sie Zweifel oder Fragen bezüglich des Unterrichts hegen. Lediglich 1 oder 2 von 59 Lernenden stören den Unterricht mit böswilliger Absicht.

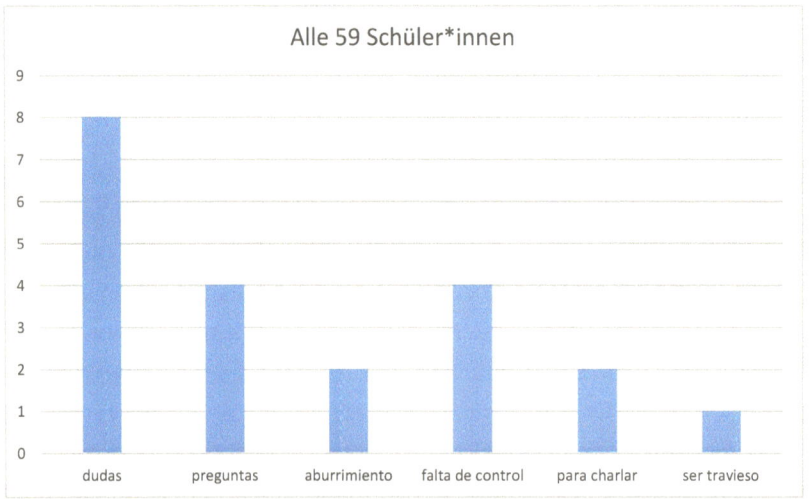

Die Auswertung geschlechterspezifisch betrachtet, lässt einige Unterschiede aber auch Gemeinsamkeiten feststellen. Bei der Frage 9 bleibt die Verteilung nach wie vor ausgeglichen. Einige der Lernenden fragen ihre Mitschüler um Rat und andere nicht. Da macht es keinen Unterschied, ob es sich um Jungen oder Mädchen handelt. Die SuS gehen unabhängig vom Geschlecht mit dieser Frage gleich um. Ebenfalls bei der Frage 10 lassen sich kaum geschlechterspezifische Merkmale herauslesen. Egal ob männlich oder weiblich, alle SuS sind bereit, sich ihrer Muttersprache bedienen, sobald ihnen die Worte in der Fremdsprache nicht einfallen. Frage 11 hingegen weist deutliche Unterschiede auf. 69% der Mädchen geben an, dass sie fast nie den Unterricht stören. Bei den Jungen hingegen geben nur 19% an, dass sie den Unterricht nie stören. Der Rest der Stimmen der Jungen verteilt sich relativ stark im Mittelfeld, sodass deutlich wird, dass Jungen ihrer Meinung nach häufiger den Unterricht stören als Mädchen. Die Frage 14 wiederum lässt keine Unterschiede bezüglich des Geschlechts feststellen. Die SuS nehmen unabhängig ihres Geschlechts Unterrichtsstörungen unterschiedlich wahr. Die Antworten sind ausgewogen, wobei die Stufen 4 und 5 mit jeweils 14 Stimmen gesamt den größten Anteil ausmachen. Die Beantwortung der Frage 17 hingegen lässt wieder deutliche Unterschiede zwischen den Geschlechtern erkennen. Die Mädchen geben mit 56% an, dass sie sich nicht bei Unterrichtsunterbrechungen einmischen. Die Jungen andererseits mischen sich mit 33% auf Stufe 3 des häufigeren bei den Unterbrechungen mit ein. Auch die Frage, ob sie sich vorher melden, bevor sie etwas sagen möchten, lässt Unterschiede feststellen. Die Mädchen geben mit 53% an, dass sie sich immer melden, bevor sie etwas im Unterricht sagen möchten. Die Jungen hingegen melden sich nur bis zu 26% bevor sie etwas zum Unterrichtsgeschehen beitragen wollen. 37% der Jungen haben mit der Stufe 5 sogar angegeben, dass sie eher dazu gewillt sind, sich nicht unbedingt vorher zu melden, bevor sie etwas sagen wollen.

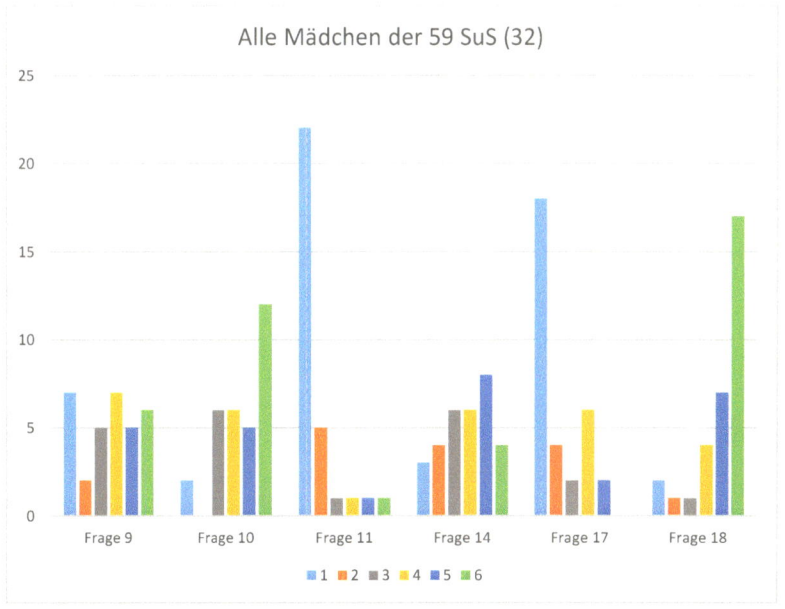

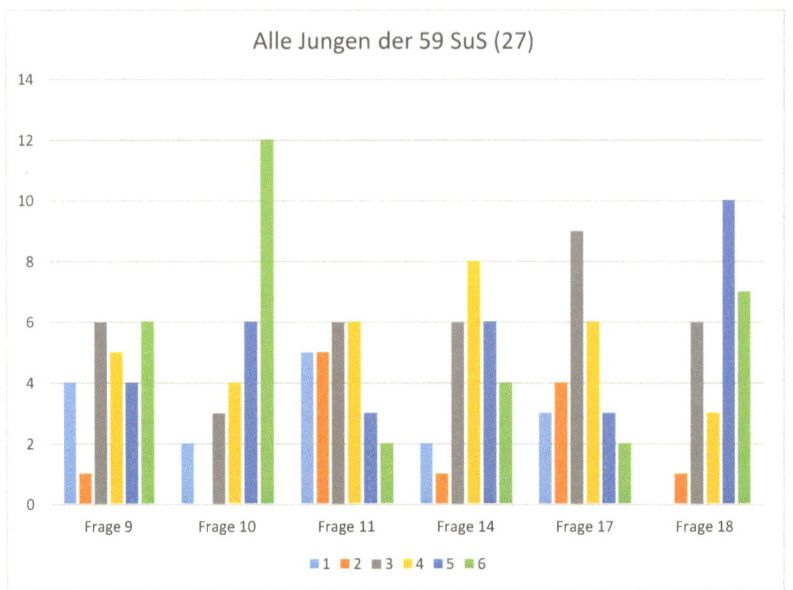

Anhand der qualitativen Frage 12 lässt sich erkennen, dass die Jungen etwas frecher sind, was die Begründung für ihre Unterrichtsstörungen angeht. Bei Zweifeln und Fragen scheuen sich beide Geschlechter nicht nachzufragen oder den Unterricht gar zu stören/unterbrechen. Ebenso die Begründung der Langeweile taucht bei den Jungen und Mädchen auf. Allerdings haben die männlichen Schüler noch drei weitere Begründungen, den Unterricht zu stören. Zum einen „Fehlen von Kontrolle", „um zu plaudern" oder weil sie „frech sind". Diese drei Argumente tauchen bei den Mädchen nicht auf.

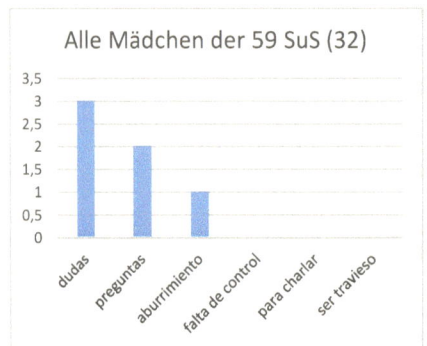

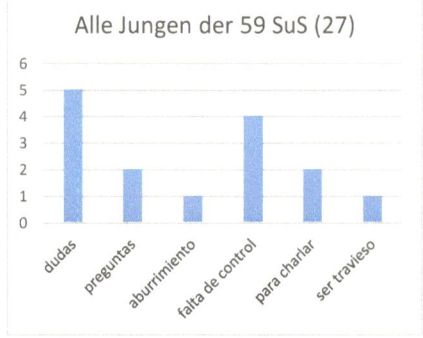

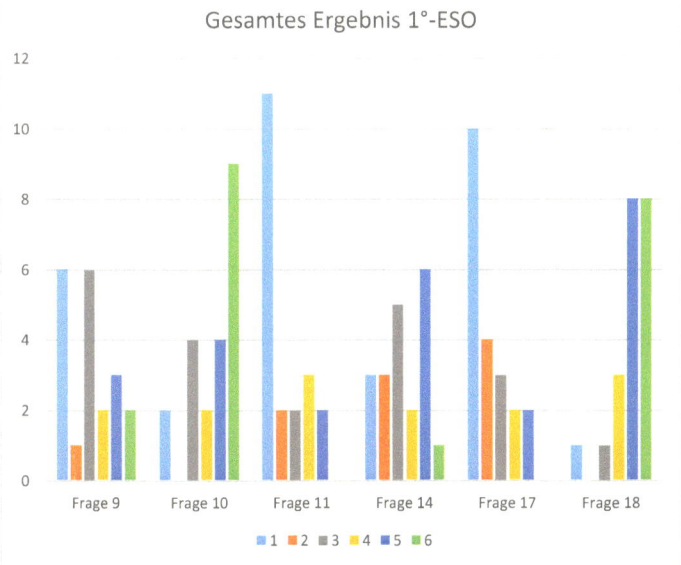

Gesamtes Ergebnis 1°-ESO

Legende: 1 2 3 4 5 6

Auch bei der Betrachtung des Alters lassen sich einige Gemeinsamkeiten, Auffälligkeiten und Unterschiede erkennen. In der Klasse 1°-ESO, in der die SuS zwischen 11 und 12 Jahre alt sind sagen, dass sie bei Fragen kaum bis gar nicht Kontakt zu ihrem Sitzpartner aufnehmen. Die 2°-ESO und die 4°-ESO grenzen sich hingegen etwas von der 1°-ESO ab. Die SuS sind in diesen Klassen zwischen 12 und 13 und zwischen 14 und 15 Jahre alt. Sie haben angekreuzt, dass sie schon hin und wieder ihren Sitzpartner um Hilfe bitten, wenn sie etwas nicht verstehen. Bei der Frage 10 lässt sich kein signifikanter Unterschied zwischen den Altersstufen feststellen. Alle haben angekreuzt, dass sie sich durchaus ihrer Muttersprache bedienen, sobald ihnen das Wort auf Deutsch nicht einfällt. Bei den verbleibenden vier Fragen ist bei der 1°-ESO zu erkennen, dass sie kaum den Unterricht stören. Dies mag vermutlich nicht zuletzt daran liegen, dass diese Klasse die jüngste der drei darstellt und dass bei diesen Lernenden die Regeln in Bezug auf Unterrichtsstörungen und deren Sanktionen wahrscheinlich noch gefestigter und präsenter sind. Die 4°-ESO grenzt sich hingegen etwas von der 1°-ESO ab. Es wird ersichtlich, dass mit zunehmenden Alter auch die Unterrichtsstörungen zunehmen. Das mag natürlich nicht nur an den Regeln liegen, sondern hat ebenso Einflüsse wie die Pubertät, aber auch Gründe wie die Verteilung der Jungen und Mädchen in der jeweiligen Klasse. Demnach kann man zwar sagen, dass die Unterrichtsstörungen mit zunehmenden Alter ebenso zunehmen, jedoch darf nicht außer Acht gelassen werden, dass in der 4°-ESO die Geschlechterverteilung eine ganz andere ist. In dieser Klasse gibt es nämlich 10 Jungen und nur 7 Mädchen.

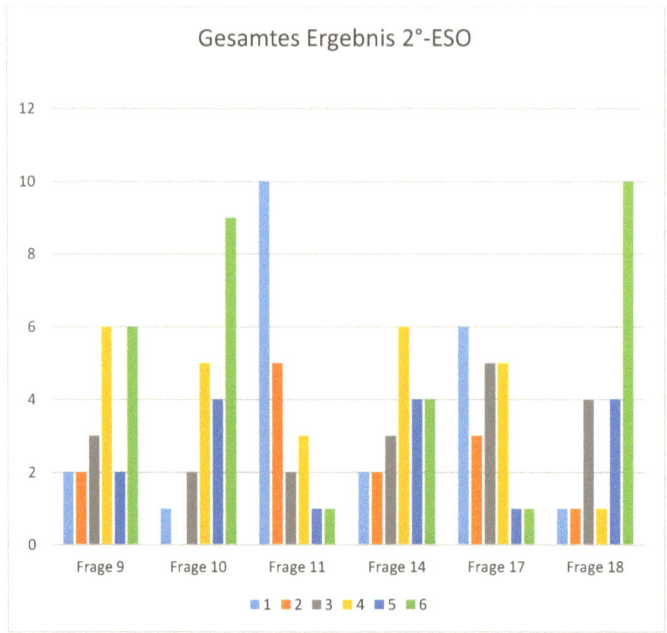

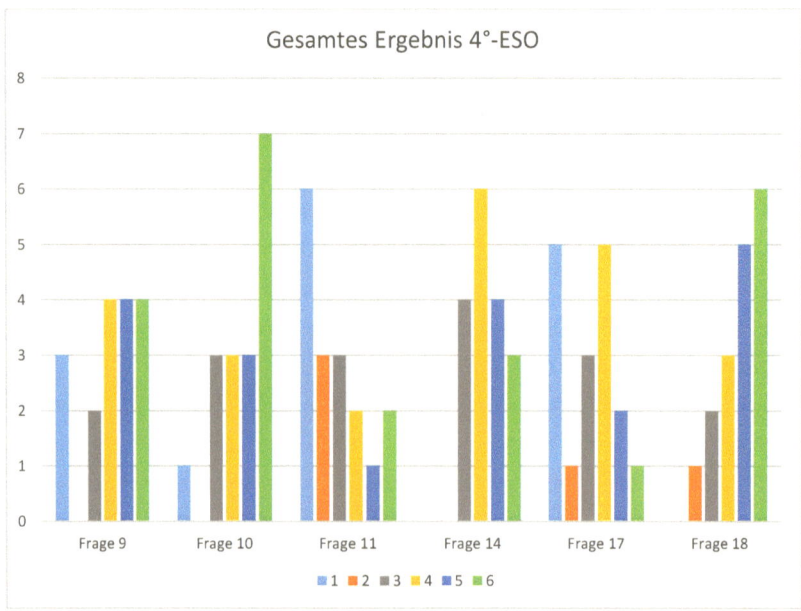

In den anderen zwei Klassen sieht die Verteilung anders aus. Da sind jeweils 12 und 13 Mädchen zu 9 und 8 Jungen, was einen erheblichen Unterschied ausmachen kann. Bei der Frage 12 lassen sich kaum Unterschiede feststellen. Alle Altersgruppen geben an, dass sie bei Fragen und Zweifeln den Unterricht stören. Manche geben auch noch andere Gründe an, jedoch sind diese nicht von signifikanter Relevanz.

4.2. Darstellung des Bezugs zwischen den eigenen Ergebnissen und dem Forschungsstand

In den drei Klassen, in denen der Unterricht stattfand, herrschte eine starke Heterogenität innerhalb der Schülerschaft vor. Demnach gilt es, statt den Unterricht an einem fiktiven Durchschnittsschüler auszurichten, sich der Heterogenität im Fremdsprachenunterricht bewusst zu werden und ihr durch differenzierende Maßnahmen auf der inhaltlichen, didaktischen, methodischen, sozialen und organisatorischen Ebene so weit wie möglich gerecht zu werden (vgl. Scholz 2016: 13). Bei der Adaption des Unterrichts an die Schülerschaft im Fremdsprachenunterricht können allerdings neue Probleme auftreten. Zum einen kann der erhöhte Bedarf an sprachlichem Input im Anfangsstadium des Fremdsprachenlernens als auch der erhöhte Differenzierungs- und Individualisierungsbedarf Schwierigkeiten bereiten. Inklusive Unterrichtsmethoden wie beispielsweise das Lernbüro oder Wochenplanarbeit stellen aus Sicht der Fremdsprachendidaktik ein problematisches Konzept dar. Für das Fremdsprachenfach ist dies insofern schwierig, da die mündliche Interaktion vernachlässigt wird. Die SuS bearbeiten ihre Aufgaben selbstständig und die Lehrkraft fungiert in ihrer Rolle nur noch als Berater (vgl. Gieslen/Schuett/Wolter 2016: 68). Dieses Phänomen wurde innerhalb der selbst durchgeführten Unterrichtsstunden versucht zu vermeiden. Demnach wurden weder das Lernbüro noch die Wochenplanarbeit als Lernangebot bereitgestellt. Es wurde selbst ein Arbeitsblatt erstellt, mit dem Versuch, zu differenzieren, aber trotzdem der mündlichen Interaktion genügend Spielraum und Anwendung zu lassen. Dies ist ein essentieller Grundgedanke des Fremdsprachenunterrichts, da verbale Unterrichtsstörungen wie beispielsweise Getuschel oder Hereinrufen in der Muttersprache ein gravierendes Problem für den Fremdsprachenunterricht darstellt. Diese bringen nämlich nicht nur Unruhe und Disziplinierungsmaßnahmen mit sich, sondern drängt die Zielsprache komplett in den Schatten, wodurch der Zugang zu der Fremdsprache nicht mehr gewährleistet werden kann. Leider hat sich durch die Auswertung der Lehrerfragebögen gezeigt, dass das Gemurmel in der Muttersprache oder Reinrufen, ohne sich zu melden durch diese Art der differenzierenden Maßnahmen nicht gemildert werden konnte. Demnach traten verbale Unterrichtsstörungen nach wie vor viel häufiger auf als beispielsweise motorische oder aggressive.

Neben den Indikatoren der Unterrichtsführung und den Materialien können als weitere für verbale Unterrichtsstörungen das Alter und Geschlecht gelten. Die Annahme, dass die Jungen eher den Unterricht stören als die Mädchen (vgl. Siedenbiedel/Theurer 2014: 12), kann durch die Auswertung der Lehrer- und Schülerfragebögen bestätig werden. Die Auswertung der Daten veranschaulicht, dass eher die Jungen statt die Mädchen und eher die leistungsschwächeren SuS anstatt der leistungsstärkeren SuS den Unterricht stören. Außerdem wurde deutlich, dass mit zunehmenden Alter auch die Unterrichtsstörungen zunehmen. Einflüsse wie die Pubertät, aber auch Gründe wie die Verteilung der Jungen und Mädchen in der jeweiligen Klasse spielen dabei eine wichtige Rolle. Natürlich sinken diese Werte auch wieder, sobald ein gewisses Alter erreicht wird. Jedoch befindet sich gerade die 4°-ESO mit einem Altersdurchschnitt von 15 und einem hohen Jungenanteil in einer schwierigen Phase. Da Jungen generell etwas später als die Mädchen in die Pubertät kommen, war diese Klasse, was die Unterrichtsstörungen angeht, die schlimmste, was sowohl die Fragebögen als auch die persönlichen Beobachtungen ausgewertet haben.

4.3. Kritische Reflexion der erhobenen Daten

Die Beschaffung und Auswertung der Daten erfolgte in allem relativ problemlos, jedoch gibt es einige Punkte, die es kritisch zu reflektieren gilt.

Die Beobachtungen, die getätigt wurden, sind alle subjektiv und entstammen nur meiner Person. Dennoch wurde versucht, sich durch Gespräche mit anderen wie beispielsweise meiner Betreuerin oder meiner Kommilitonin darüber auszutauschen, um die Eindrücke und Beobachtungen gewichtiger werden zu lassen.

Die Fragebögen stellen ein ähnliches Problem dar. Der Lehrerfragebogen wurde stets von der gleichen Lehrkraft ausgefüllt. An der Schule gab es nur eine Deutschlehrerin, sodass nicht die Möglichkeit bereitstand, den Fragebogen von einer anderen Lehrkraft bearbeiten zu lassen. Die Lehrerin selbst war relativ voreingenommen, was ihre Schüler und Klassen betraf. Demnach kann das Gütekriterium der Objektivität nicht vollständig greifen. Zudem hätte man den Fragebogen für die Lehrkraft im Ankreuzbereich stärker kontrastieren müssen. Zwischen den Ankreuzbereichen „selten" und „häufig" ist die Spanne zu groß. Da wäre eine zusätzliche Spalte wie „gelegentlich" oder „vereinzelt" sinnvoll gewesen. Hinzukommt, dass wahrscheinlich jede Person etwas anderes unter diesen Begriffen versteht. Um dem entgegenzuwirken, hätte man den Fragebogen vorher mit der Lehrkraft besprechen sollen, damit vereinzelte Begriffen geklärt und somit Unsicherheiten in Bezug auf den Fragebogen verhindert werden können.

Ähnlich verhält es sich mit dem Fragebogen für die SuS. Zum einen haben die Schüler meistens vergessen, das Alter und Geschlecht anzugeben. Während des Ausfüllens des Dokuments, musste ich mehrmals darauf hinweisen, dass der Fragebogen anonym ist, sie ihr Geschlecht und das Alter aber eintragen sollen. Zum anderen gab es Probleme mit der angegebenen Abstufung von 1-6. Auf dem Fragebogen wurden die Ziffern oberhalb erklärt, jedoch sind viele der Lernenden mit den Zahlen und deren Bedeutung durcheinander gekommen. Den Fragebogen vorher in Ruhe zu besprechen und Fragen zu klären, hätte diesen Problemen vorgebeugt. Ebenso wurde das Wort „perturbación" des häufigeren nicht verstanden, was ich ihnen dann erklärt habe. Leider ist es einmal vorgekommen, dass eine Schülerin gar kein Kreuz an dieser Stelle machte. Insgesamt wurden 3 Kreuze nicht gesetzt (nur in der 1°-ESO), was ebenfalls das Testergebnis verfälscht. Natürlich hätte man diese drei Fragebögen weglassen können, jedoch erschien mir eine einzige Stimme in den Fragen 9, 11 und 14 als nicht hinreichend genug, um auf den kompletten Bogen zu verzichten. Generell wurden die SuS von mir als sehr aufrichtig empfunden, dennoch kann ich natürlich nicht mit absoluter Gewissheit sagen, dass die Fragebögen ernsthaft und wahrheitsgemäß ausgefüllt wurden. Die Gütekriterien wie Objektivität, Reliabilität und Validität leiden unter all den angesprochenen Aspekten natürlich immens.

Die qualitative Frage 12 des Schülerfragebogens hält die Herausforderung parat, dass man für die angegebenen Begründungen Kategorisierungen finden muss. Dies ist natürlich eine subjektive Empfindung. Beispielsweise wurde in der 2°-ESO als Begründung „porque no sé alguna palabra" angegeben, welche einerseits als „duda" aber auch „pregunta" zugeordnet werden kann. Ebenso Aussagen wie „me hacen reír" oder „sin querer" waren etwas schwieriger zuzuordnen. Aber auch Antworten wie „me aburro", wenn zuvor bei der Frage 11 die 1 angekreuzt wurde, sind schwer zu interpretieren und zu deuten.

Hinter all den Daten und Gesichtspunkten versteckt sich natürlich auch die Tatsache, dass die erhobenen Daten aus dem Ausland entstammen und eine solche Befragung in Deutschland ganz anders ausfallen könnte. Auch wenn sich Deutschland und Spanien in der Europäischen Union befinden, sind es dennoch zwei unterschiedliche Länder, mit unterschiedlichen Schulsystemen, Schülern, Soziokulturen etc..

4.4. Implikationen der Ergebnisse

Vor dem Hintergrund, dass auch hinsichtlich des Sprachenlernens eine große Heterogenität vorherrscht, hat die Forderung nach Individualisierung, Differenzierung und Lernerautonomie im Fremdsprachenunterricht in den letzten Jahren stark zugenommen. Dieser Heterogenität soll im Fremdsprachenunterricht durch differenzierte Ziele, Inhalte und Formen des Aneignens und Festigens sowie durch Differenzierung nach Umfang und Schwierigkeitsgrad der Aufgaben und nach Lerntempo Berücksichtigung gegenübergetreten werden.

Wie die Auswertung der erhobenen Daten gezeigt hat, spielt es dabei keine Rolle, dass auch mal inklusive Unterrichtsmethoden wie beispielsweise das Lernbüro oder Wochenplanarbeit eingesetzt werden (auch wenn diese aus Sicht der Fremdsprachendidaktik ein problematisches Konzept darstellen), da es immer Unterrichtsstörungen im Unterricht geben wird und man diesen auch mit präventive Maßnahmen nie gänzlich entgegenwirken kann. Vielmehr sollte man der Vielfalt der Schüler mit Vielfalt der Lehre begegnen, um allen SuS in einer gewissen Art und Weise gerecht werden zu können. Demnach sollte man sich als Lehrkraft vor Augen halten, welche Herausforderung Heterogenität im Schullalltag mit sich bringt und wie man diese bewältigen kann, denn jedes Klassenzimmer ist so heterogen wie die Schüler und Schülerinnen selbst. Dabei darf natürlich nicht außer Acht gelassen werden, dass die Binnendifferenzierung eine hohe diagnostische Kompetenz von Seiten der Lehrkraft voraussetzt, um die individuellen Profile der SuS einschätzen zu können.

Ferner haben die Ergebnisse gezeigt, dass eine Lehrkraft bedenken und darauf achten sollte, dass die Regeln in Bezug auf Unterrichtsstörungen auch in den höheren Klassen weiterhin für die SuS gelten und zu befolgen sind. Eine Auffrischung dieser Regeln sollte auf jeden Fall bei Übernahme der Lernenden seitens der Lehrkraft erfolgen und bei Verstoß auf mögliche Folgen aufmerksam gemacht werden. Je präsenter die Regeln und bei Nichteinhaltung deren Sanktionen sind, desto besser kann sich der Unterricht ohne weitere Störungen ereignen.

Ansonsten sollte die Überlegung stattfinden, dass die Kurse nicht nach Alter, sondern nach Niveaustufen eingeteilt werden. In den Klassen fiel mir immer wieder auf, dass es sehr starke und sehr schwache SuS gab. Einen leistungsdifferenzierten Unterricht zu bieten, scheint bei einer solchen leistungsheterogenen Klasse schier unmöglich. Das zeigen auch die Ergebnisse, dass es zumindest 2 von 59 Lernenden gab, die als Begründung für ihre Unterrichtsstörungen „Langeweile" angegeben haben. Gerade eine Unterforderung oder auch Überforderung im Unterricht kann zu Störungen und Demotivation führen, weshalb eine Fachleistungsdifferenzierung würde zumindest im FSU sinnvoll erscheint (vgl. Trautmann 2016: 29 HIFU).

5. Fazit

Angesichts des Seminars „Heterogenität im Spanischunterricht" wurde ein 4-wöchiges Forschungspraktikum absolviert. Dafür konnte man sich aussuchen, ob man dieses in einem deutschsprachigen oder spanischsprachigen Land machen möchte. Meine persönliche Entscheidung fiel auf Granada (Cájar), in Spanien. Dort hospitierte und unterrichtete ich vom 11.09.2017 bis zum 06.10.2017 für jeweils 20 Stunden pro Woche.

Im Rahmen dieses Projektes wurde eine Forschungsfrage entwickelt, die mittels Aktionsforschung untersucht und anhand verschiedener Erhebungsinstrumente ausgewertet wurde. Vor Ort entschied ich mich für das Thema der „verbalen Unterrichtsstörungen", da dieses für den Fremdsprachenunterricht sehr zentral und von großer Bedeutsamkeit ist. Die Auswertung der dabei erhobenen Daten war ziemlich aufschlussreich. Demnach konnte man anhand der Lehrerfragebögen feststellen, dass die Nummern 1.15 „Gemurmel in der Muttersprache" und 1.16 „Reinrufen, ohne sich zu melden" am häufigsten in den Deutschklassen auftreten. Außerdem konnte gezeigt werden, dass die Unterrichtsstörungen, sobald es klare Regeln in Bezug auf diese und deren Folgen gibt, seltener erkenntlich werden. Die Auswertung der Daten in Bezug auf die Heterogenität veranschaulicht, dass eher die Jungen statt die Mädchen und eher die leistungsschwächeren SuS anstatt die leistungsstärkeren SuS den Unterricht stören. Jedoch zeigt die kritische Reflexion der erhobenen Daten, dass man diese Daten mit größerer Sorgfalt betrachten muss, denn die Betreuerin/Lehrerin war in Bezug auf die Lernenden sehr voreingenommen und die einzige Person, die diese Fragebögen ausgefüllt hat. Ebenso das Ergebnis, dass Kinder mit psychologischen Problemen und/oder Verhaltensauffälligkeiten in dieser Befragung eher nicht den Unterricht störten, sollte genauer betrachtet werden, da es nur in der Klasse 1°- ESO ein Kind mit Auffälligkeiten gab, in der auch das „trifft zu" gilt. Demnach stören sehr wohl Kinder mit Verhaltensauffälligkeiten wie beispielsweise dem Asperger-Syndrom den Unterricht, auch wenn das gesamte Ergebnis der Fragebögen einen anderen Eindruck vermittelt.

Die Auswertung der Schülerfragebögen ergab, dass sich 42% der Lernenden ihrer Muttersprache bedienen, sobald ihnen das Wort in der Fremdsprache nicht einfällt. Bei der Frage, ob sie manchmal den Unterricht stören, verneinten dies die SuS mit 46%. Bei genauerer Betrachtung sind diese Ergebnisse sehr interessant, da die SuS sehr wohl auch im Fremdsprachenunterricht viel in ihrer Muttersprache sprechen, es selbst aber nicht als störend oder gar als Unterrichtsstörung empfinden. Das könnte wiederum bedeuten, dass häufig getuschelt bzw. gemurmelt wird, was man als Lehrkraft und Schüler, die sich beispielsweise weiter weg befinden, nicht unbedingt wahrnimmt. Geschlechterspezifisch betrachtet, stören auch hier eher die

Jungen anstatt der Mädchen den Unterricht, wodurch die Daten der Lehrkraft (auch wenn diese durch Voreingenommenheit geprägt sind) wieder mehr Gewichtung erlangen. Zudem wurde ersichtlich, dass mit zunehmenden Alter auch die Unterrichtsstörungen zunehmen. Das mag natürlich nicht nur an den Regeln liegen, sondern hat ebenso Einflüsse wie die Pubertät, aber auch Gründe wie die Verteilung der Jungen und Mädchen in der jeweiligen Klasse.

Für mich selbst als angehende Fremdsprachenlehrkraft sind diese Auswertungen von großer Bedeutung, da sie mir zeigen, dass es kein perfektes und einziges Unterrichtskonzept gibt, um verbalen Unterrichtsstörungen vorzubeugen. Dennoch kann man präventiv mittels Umsetzung der SuS, einer großen Vielfalt an Unterrichtsmethoden und –materialien sowie klaren Strukturen und Regeln diesen Unterrichtsstörungen entgegenwirken. Da es das größte Ziel einer Fremdsprachenlehrkraft ist, dass eben in der Zielsprache gesprochen wird, können diese Präventionen eine erhebliche Erleichterung im Unterricht darstellen.

6. Literaturverzeichnis

Becker, R. & Lauterbach, W. (2010[4]): Bildung als Privileg - Ursachen, Mechanismen, Prozesse und Wirkungen dauerhafter Bildungsungleichheiten. In: Bildung als Privileg : Erklärungen und Befunde zu den Ursachen der Bildungsungleichheit. Rolf Becker & Wolfgang Lauterbach (Hrsg.), S. 11-50.

Boller, S., Rosowski, E. & Stroot, T. (Hrsg.) (2007): Heterogenität in Schule und Unterricht. Handlungsansätze zum pädagogischen Umgang mit Vielfalt. Weinheim [u.a.]: Beltz.

Doff, S. (Hg.) (2016): Heterogenität im Fremdsprachenunterricht: Impulse - Rahmenbedingungen - Kernfragen - Perspektiven. Tübingen: Narr.

Fartacek, W., Eder, F. & Mayr, J. (1987): Schwierigkeiten von Lehrerstudenten und Lehrern im Umgang mit Schülern. In: Erziehung und Unterricht (137), S. 12-24.

Gieslen, T., Schuett, L. & Wolter, F.-J. (2016): Wie können Lernziele und Rahmenbedingungen im differenzierenden Englischunterricht (besser) aufeinander abgestimmt werden? In: Heterogenität im Fremdsprachenunterricht: Impulse - Rahmenbedingungen - Kernfragen - Perspektiven. Sabine Doff (Hg.), S. 61-76.

Grunder, H. & Gut, A. (Hrsg.) (2009): Zum Umgang mit Heterogenität in der Schule, Bd. 1. Hohengehren: Schneider Verlag.

Keller, G. (2014[3]): Disziplinmanagement in der Schulklasse. Wie Sie Unterrichtsstörungen vorbeugen und bewältigen. Bern: Huber.

Latorre, A. (2003): La investigación-acción. Barcelona: Graó.

Lohmann, G. (2015[12]): Mit Schülern klarkommen. Professioneller Umgang mit Unterrichtsstörungen und Disziplinkonflikten. Berlin: Cornelsen Verlag.

Nolting, H.-P. (2017[14]): Störungen in der Schulklasse. Ein Leitfaden zur Vorbeugung und Konfliktlösung. Weinheim und Basel: Beltz.

Ott, T. (2012): Heterogenität und Dialog. Lernen am und vom Anderen als wechselseitiges Zuerkennen von Eigensinn. In: Diskussion Musikpädagogik (55), S. 4-10.

Prengel, A. (2004): Spannungsfelder, nicht Wahrheiten. Heterogenität in pädagogischdidaktischer Perspektive. In: Heterogenität. Unterschiede nutzen – Gemeinsamkeiten stärken. Gerold Becker [u.a.] (Hrsg.). Friedrich Jahresheft (22), S. 44-46.

Scholz I. (Hg.) (2016[2]): Das heterogene Klassenzimmer. Differenziert unterrichten. Göttingen [u.a.]: Vandenhoeck & Ruprecht.

Siedenbiedel, C. / Theurer, C. (2014): Geschlecht als lern- und leistungsrelevante Variable? In: Lernen und Geschlecht. Caroline Theurer [u.a.] (Hrsg.), S. 9-28.

Solzbacher, C. (2008): Was denken Lehrerinnen und Lehrer über individuelle Förderung? Eine Studie zu Positionen von Lehrkräften in der Sekundarstufe 1 und Konsequenzen für Schulentwicklungsarbeit. Pädagogik, 60 (3), S. 38-42.

Tillmann, K.-J. (2004): System jagt Fiktion. Die homogene Lerngruppe. In: Heterogenität. Unterschiede nutzen – Gemeinsamkeiten stärken. Gerold Becker [u.a.] (Hrsg.). Friedrich Jahresheft (22), S. 6-19.

Trautmann, M. (2016): Ability Grouping in (Language) Education - Wie soll Schule mit unterschiedlichen Leistungsvoraussetzungen und -fähigkeiten umgehen? In: Heterogenität im Fremdsprachenunterricht: Impulse - Rahmenbedingungen - Kernfragen - Perspektiven. Sabine Doff (Hg.), S. 21-32.

Trautmann, M. & Wischer, B. (2011): Heterogenität in der Schule. Eine kritische Einführung. Wiesbaden: VS Verlag.

Winkel, R. (2009[9]): Der gestörte Unterricht. Diagnostische und therapeutische Möglichkeiten. Baltmannsweiler: Schneider Verlag Hohengehren.

Internetquellen:

Bibliographisches Institut GmbH (Hg.) (2017): Heterogenität. URL: http://www.duden.de/rechtschreibung/Heterogenitaet. [13.04.18.]

Europarat (2001): Gemeinsamer europäischer Referenzrahmen für Sprachen: lernen, lehren, beurteilen. Berlin: Langenscheidt. URL: http://student.unifr.ch/pluriling/assets/files/Referenzrahmen2001.pdf [13.04.18]

Spektrum Akademischer Verlag (Hg.) (1999): Heterogen. URL: http://www.spektrum.de/lexikon/biologie/heterogen/31623. [13.04.18]

7. Anhang

7.1. Muster der eingesetzten Erhebungsinstrumente (Fragebögen)

Cuestionario para los alumnos
Edad:
Genero:
Indicación: 1 = no ser aplicable / poco; 6 = ser aplicable / mucho

Preguntas:	1	2	3	4	5	6
1. ¿Cómo clasificas tu propio trabajo en clase?						
2. ¿Te gusta el colegio?						
3. ¿Encontraste la hora interesante?						
4. ¿Ha sido divertido para ti, tomar parte en la clase?						
5. ¿El profesor se ha preparado bien?						
6. El profesor puede explicar bien.						
7. El profesor se expresa de manera clara y comprensible.						
8. Cuando se le pregunta, el profesor nos ayuda.						
9. Si no entiendes algo, ¿lo preguntas a tu vecino del asiento?						
10. Si quieres decir algo delante de la clase, pero te faltan unas palabras en alemán, ¿las dices en tu lengua materna?						
11. ¿A veces interrumpes la clase? 12. ¿Por qué?						
13. ¿Te sientes bien tratado por el profesor?						
14. ¿A menudo hay una perturbación en el aula?						
15. Si hay interrupciones, ¿el profesor se comporta de manera justa?						
16. ¿Te importa si la clase está perturbada?						
17. Si hay, ¿algunas veces te metes en las interrupciones?						
18. ¿Siempre levantas las manos si quieres decir algo?						
19. En el aula hay reglas fijas que son conocidas por todos.						
20. El profesor siempre sabe lo que está pasando en la clase.						

Lehrerfragebogen zur Wahrnehmung von Unterrichtsstörungen

	Form der Unterrichtsstörung	selten	häufig	sehr häufig
1.1.	Nebengespräche, Nebentätigkeiten			
1.2.	Kommentare zum Lerngeschehen (spotten, motzen, schimpfen)			
1.3	„Spielerische" Aggressionen (raufen, toben, schlagen)			
1.4.	Verzögern des Arbeitsbeginns, Arbeiten nicht beenden			
1.5.	Hypermotorisches Verhalten am Sitzplatz			
1.6.	Herumlaufen im Raum			
1.7.	Provokationen gegenüber Mitschülerinnen und Mitschülern			
1.8	Provokationen gegenüber Lehrerinnen und Lehrern			
1.9.	Ignorieren der Regeln (Zuspätkommen, Weglaufen)			
1.10	Arbeitsverweigerung (beleidigt sein, maulen, motzen)			
1.11	Vordrängende Gesprächsbeiträge (in die Klasse rufen)			
1.12	Clownereien			
1.13	Destruktives Verhalten gegenüber Gegenständen			
1.14	Spielen mit Gegenständen jeder Art			
1.15	Gemurmel in Muttersprache			
1.16	Reinrufen, ohne sich zu melden			
	Unterrichtsgestaltung	trifft weniger zu	teilweise	trifft zu
3.1.	Der Unterricht ist gut strukturiert.			
3.2.	Die Lehrkraft schreitet bei Unterrichtsstörungen ein.			
3.3.	Nach Auftreten von Störungen, kann die Lehrkraft den Unterricht ungestört fortsetzen.			
3.4.	Nimmt die Lehrkraft präventionelle Maßnahmen gegen mögliche Unterrichtsstörungen vor?			
3.5.	Werden die Kinder beispielsweise umgesetzt?			
3.6.	Beim Wechsel von verschiedenen Arbeitsmethoden dauert es lange, bis die SuS wieder zur Ruhe kommen.			
3.7.	Die SuS sind schnell abgelenkt.			
3.8.	Gibt es klare Regeln in Bezug auf Unterrichtsstörungen, die bei Verstoß zur Geltung kommen?			
	Heterogenität	trifft weniger zu	teilweise	trifft zu
3.1.	Es stören eher die Jungen den Unterricht.			
3.2.	Es stören eher die Mädchen den Unterricht.			
3.3.	Es stören eher die leistungsschwächeren Schüler den Unterricht.			
3.4.	Es stören eher die leistungsstärkeren Schüler den Unterricht.			
3.5.	Es stören eher Kinder mit psychologischen Problemen den Unterricht.			
3.6.	Es stören eher Kinder mit Verhaltens – oder emotionalen Störungen den Unterricht.